Cloves Marques

NOTURNO
TANKAS DA MADRUGADA
poemas

escrituras

São Paulo - 2008

© Copyright Cloves Marques 2008
Rua Conde de Irajá, 520 / 402 – Torre – 50710-310 - Recife, PE
Fone/Fax: (81) 3227.9714 – E-mail: clovesms@terra.com.br

EDIÇÃO E DISTRIBUIÇÃO
Os direitos desta edição estão reservados a
Escrituras Editora e Distribuidora de Livros Ltda.
Rua Maestro Callia, 123 Vila Mariana - 04012-100 - São Paulo, SP
Telefax: (11) 5082-4190 - E-mail: escrituras@escrituras.com.br
Site: www.escrituras.com.br

EDITOR
Raimundo Gadelha

COORDENAÇÃO EDITORIAL E GRÁFICA
Fernando Borsetti

CAPA e PROJETO GRÁFICO
Eduardo Peixoto Marques (MTB-PE 3791)
- o Kanji 夜 (YA), significa "noite"

ILUSTRAÇÕES
Álcio Lins - aquarela

REVISÃO
Renata Assunpção

IMPRESSÃO
FacForm Impressos Ltda.
Rua Barão de Água Branca, 521, Boa Viagem, 5160-300, Recife - Pernambuco - Brasil
Fone: (81) 3339.6566, www.facform.com.br, grafica@facform.com.br

Impresso no Brasil

Dados Internacionais de Catalogação na Publicação (CIP)
(Câmara Brasileira do Livro, SP, Brasil)

Marques, Cloves
   Noturno : tankas da madrugada : poemas / Cloves Marques. -- São Paulo : Escrituras Editora, 2008.

   ISBN 978-85-7531-306-0

   1. Poesia brasileira I. Título.

08-09358   CDD-869.91

Índice para catálogo sistemático:
1. Poesia: Literatura brasileira   869.91

NOTURNO
TANKAS DA MADRUGADA
poemas

À memória de Ryu Mizuno,

O Moisés na preparação e condução de aproximadamente trezentos e sessenta famílias japonesas pela travessia Japão – Brasil, no alvorecer do século XX. Um poeta, que ante a dor da perda vertia palavras de lágrimas,

> *"Tristeza.*
> *Foi-se aquele em quem*
> *eu depositava toda minha confiança.*
>
> *Aquele que foi, em vida,*
> *o espelho da correção."* (2)

E, no impacto da exuberância de terras brasileiras, permitia que desabrochasse chuva de contentamento,

> *"Penitencio-me desta longa vida.*
> *Se é esta a visão do Paraíso*
> *posso descansar em paz e segurança,*
>
> *preparado para a Grande Viagem*
> *rumo ao Campo do Redentor."* (2)

À presença de Tânia Marques

HOMENAGEM

Com este livro, que divulga e contribui para a preservação, no Brasil, de um estilo de poema nipônico – o Tanka –, presto homenagem ao centenário da chegada da primeira leva de imigrantes japoneses (783 pessoas) ao Brasil (18 de junho de 1908 / 18 de junho de 2008), no Porto de Santos-São Paulo, no navio Kasato Maru.

CENTENÁRIO DA TRAVESSIA JAPÃO – BRASIL

A Saga de Ryu Mizuno e dos primeiros imigrantes japoneses

O Japão saído da Era Meiji (Controle Iluminado – 1868 -1912), quando convivera com profundas mudanças, como a do regime militar para imperial, passou internamente por muitos motins, revoltas e lutas armadas. A área rural foi profundamente afetada. Além disso, o povo ainda sofria necessidades em conseqüência das guerras contra a China e contra a Rússia, mesmo com as vitórias dos nipônicos em 1895 e 1905, respectivamente. No Brasil, a necessidade de mão-de-obra era grande, mormente devido à libertação dos escravos (1888) e ao desenvolvimento da lavoura do café.(3)

Ryu Mizuno (Japão, 11/11/1859 – Brasil, 14/08/1951), que considerava o nosso país a sua segunda pátria, entusiasmado com a possibilidade de oferecer melhores condições de vida a muitos japoneses nas terras brasileiras organiza-se para promover emigrações. Chega ao Brasil/Rio de Janeiro, em março de 1906, sendo esta a primeira de treze travessias marítimas que fez entre os dois países.

Em 28/04/1908, zarpa do porto de Kobe, no Japão, o navio Kasato Maru com mais de 780 emigrantes em direção ao porto de Santos, no Brasil. A travessia de aproximadamente 72.000 km é realizada em 51 dias, tendo aportado no Brasil no dia 18/06/1908, ao meio dia.(2)

A convivência desses homens, mulheres e crianças durante a viagem deu oportunidade à manifestação de convicções, sentimentos, comportamento e habilidades culturais. Além da tripulação – experientes comandantes e também rudes marinheiros – entre as pessoas havia uma grande diversidade de formações: agricultores, lavradores, inspetores de polícia, comerciantes, advogado, artistas, artesãos, poetas. Eles se divertiam com execuções musicais, danças, apresentações teatrais, além de composição e recitação de poemas, sob a forma de haiku, rengas e tankas. Momentos dolorosos eram testemunhados: saudade da terra natal, desilusões amorosas, violações da tripulação contra mulheres dos emigrantes. A solidão, o medo do desconhecido e a morte (um dos tripulantes, ao defender Mizuno de um atentado, é ferido mortalmente) são elementos assustadores para aquela comunidade. Mas, a seu modo, cada um era portador da esperança do reconhecimento.

Em homenagem a Ryu Mizuno e a esse heróico primeiro grupo de imigrantes japoneses, que há cem anos chegou ao Brasil trazendo uma fantástica contribuição laboral e cultural, deixei transbordar esses 144 tankas, "que se aproximam da origem da alma". (4)

SUMÁRIO

COMPASSO – Cada uma das partes ou períodos de tempo iguais em que se marca o ritmo da pauta musical. A divisão natural, no canto e na execução, é marcada pelo acento rítmico e na escrita musical pelas linhas divisórias.[1]

Prefácio - Vital Corrêa de Araújo
Apresentação – Dos Noturnos de Chopin aos Tankas da Madrugada

I.	Noturno da Liberdade	(tankas 01 a 12)
II.	Noturno da Lembrança	(tankas 13 a 24)
III.	Noturno da Palavra	(tankas 25 a 36)
IV.	Noturno da Poesia	(tankas 37 a 48)
V.	Noturno da Fome	(tankas 49 a 60)
VI.	Noturno do Sexo	(tankas 61 a 72)
VII.	Noturno do Amor	(tankas 73 a 84)
VIII.	Noturno da Dor	(tankas 85 a 96)
IX.	Noturno da Solidão	(tankas 97 a 108)
X.	Noturno do Medo	(tankas 109 a 120)
XI.	Noturno da Morte	(tankas 121 a 132)
XII.	Noturno do Reconhecimento	(tankas 133 a 144)

Posfácio – Yara Falcon
Bibliografia
Participações

PREFÁCIO

CLAVE- Sinal colocado no começo de um pentagrama e que serve para determinar o nome das notas musicais que se escrevem no mesmo. Os sinais empregados são três: Dó, Fá e Sol. (1)

CLOVES - O Samurai da Palavra - MARQUES

Vital Corrêa de Araújo (*)

A influência européia na literatura brasileira foi marcante, vital, longa, intensa. No entanto o modelo preponderou tanto, que descambou em um tocante e algo oculto imitativismo, que impediu a espontaneidade e maculou o selo da autenticidade. Mesmo 1922 trouxe ostensivamente o timbre do criador, e a criatura, a marca ou o ferro da origem. A geração 45 encaminhou nossa literatura para os trilhos da brasilidade literária, em definitivo. Embora muito do que aconteceu não de importação, mas de integração literária com a Europa.

Agora, os 100 anos da providencial imigração japonesa, essa saga épico-social, que trouxe frutos econômicos incalculáveis e mesclou nossa sociedade com o sangue oriental, enriquecendo-nos sobremaneira, revela, na perspectiva de um século, o fundamental contributo cultural, a integração íntima e permanente das culturas, que talvez seja o que de mais importante ocorreu, nessas dez décadas de comunhão, infusão e transfusão de experiências, conhecimentos, pessoas.

Nesse campo, ressaltam-se a poesia e a transformação operada na lírica brasileira, com a inclusão, nacionalização, a recepção cabal e completa, porque inovadora, da forma poética japonesa milenar, caracterizada por sua brevidade estrófica, concisão verbal e precisão de conteúdo, ou seja, a forma renga, tanka e haicai.

O haicai – estrofe encadeada individual – se desenvolveu paralelamente (embora sem relação casual direta) ao renascimento italiano, representou uma transformação da renga – estrofe encadeada coletiva e tradicional – que, desde os 800 (era Heian), vigia nos salões do império do Sol Nascente. A metamorfose teve como mediador a forma do tanka.

(*) Escritor, poeta, Presidente da União Brasileira de Escritores em Pernambuco (UBE-PE).

A renga é um tanka (estrofe de 5 versos, de 5, 7, 5, 7, 7 sílabas) em que os 3 primeiros são assinados por um poeta e os dois setessílabos compostos por outro, que encerra o poema, seguindo-se outra renga, dos mesmos ou de outros poetas. A renga resulta em uma composição que nos traz à memória a estrofe popular (e coletiva) mote-glosa.

Enfatizo que a forma de poema nipônica aclimatou-se tão fundamente da 2ª metade do século XX, que o haicai, senryo e o tanka praticados, hoje, no Brasil, em vernáculo, com as adaptações e transformações criativas (desmetrificados, com rima, com ou sem títulos etc.), situam-se entre os melhores e mais perspicazes poemas breves do mundo, a exemplo da faina, da messe, da lavra (agora colheita ou recolha do tanka) do mestre Cloves Marques.

CM, hoje, é, dentre os poetas brasileiros, o samurai da palavra, o ninja da estrofe curta, que, em uma relâmpago verbal, com a pena, golpeia o papel e esculpe a quintilha perfeita, de sentido acabado, tema apropriado e composição, em que a boda de yin e yang é completa e fecunda, posto que, no tanka, Cloves é duplamente nipônico, tanqueizando o haicai com os dois versos finais da forma escolhida neste opulento livro que é NOTURNO, Tankas da Madrugada.

No sentido de dar informações sobre essa antiga, dinâmica e ainda nebulosa forma de poesia, tão pouco praticada entre nós, de que Cloves Marques é mestre – e o melhor de todos os cultivadores do poema breve e complexo, farei uma digressão construtiva.

Em uma possível linhagem hierárquica da poesia praticada no Japão, pode-se começar com a composição poética clássica (ou originária) sem rima (ou com rima ocasional) waca, que é o poema japonês, que atinge forma definitiva do século VIII.

A característica vital e fundamentadora do poema japonês é a brevidade da estrofe ou concisão do verso, e desde o inicio verifica-se esse pendor. O Tchoca ou poema longo (sic) apresentava-se com sete versos sem rima, com a métrica 5-7-5-7-5-7-7 sílabas, totalizando 43 sílabas. Começava a tendência de "dizer o poema" em poucos versos e assim se configurava o exercício poético, que colimava no conceito de poema sucinto, mas complexo, em busca da síntese da linguagem, e dessa forma realizava tal objeto.

O Sendoca, com seus versos de 5, 7, 7, 5, 7, 7 (com 38 sílabas) foi logo substituído pelo Tanka ou poema curto, a síntese poética maior, constituído de estrofe única de 5 versos, com 5, 7, 5, 7, 7 sílabas, totalizando 31 sílabas.

O tanka é a matriz do verso japonês, a forma mais cultivada e a mais antiga em prática, e é o antepassado do popular haicai, de 5, 7, 5 sílabas, que só alcançará personalidade definitiva no século XV, e hoje reina absoluto.

APRESENTAÇÃO

ABERTURA- Peça que serve de introdução a uma ópera ou a um oratório; o mesmo que protofonia ou prelúdio musical. (1)

Dos Noturnos de Chopin aos Tankas da Madrugada

Cloves Marques

Quando a alma fala, composições melódicas ocorrem. Sinfonias ou sonatas, que propõem encontros de salvação ôntica. O ser se dispõe à busca de caminhos. Pouco sei sobre técnicas musicais. Considero-me, apenas, um melófilo. Mas entendo que a música promove a solidariedade entre os seres e o encontro das artes.

Os sentidos, que me fazem perceber o mundo, e os sentimentos, que possibilitam o meu relacionamento comigo mesmo e com o meio, dizem-me sobre um som de piano que completa o ambiente. Ressoa como um murmúrio da alma que busca comunicação. Os acordes são do maestro Daniel Barenboim (1942), executando a composição número 2, do Opus 9 dos Noturnos de Frédéric Chopin (01/03/1810 – 17/10/1849) (5). Tenho identidade com o momento que é agradável, de uma suave melancolia.

Ao encontro de uma definição para o gênero musical que se iniciou no século XIX, ou seja, em pleno Romantismo: "Noturno é certa forma de composição para orquestra ou para piano, de caráter terno ou melancólico, criada pelo irlandês John Field (1782 – 1837). Chopin adotou esse estilo, imprimindo-lhe um caráter inteiramente pessoal, segundo seu temperamento."(1)

A experiência própria e os depoimentos comprovam que a música de Chopin é plena de encantos, como se fosse uma delicada poesia da qual emana sedução. Os Noturnos deste gênio da música são curtas peças que, ao pensamento de Lauro Pinto, "têm como objetivos bem definidos o entretenimento e a meditação".(6)

Se a gente conhece um pouco da vida de Chopin, ou mesmo reflete diante do seu mausoléu, no cemitério de Père-Lachaise, em Paris, onde visitantes do mundo inteiro se emocionam, percebe cristalinamente a proposta do canto livre denominado Noturno. O compositor revela a intimidade de sua alma, utilizando-se de um meio no qual era gênio: a música.

Ainda, ao pensamento de Lauro Pinto, "a música do Romantismo teve a idéia cômoda de se fazer parceira da literatura e das artes plásticas."(6) Nas artes desse período, são postos em realce a sensibilidade, a emoção, valores interiores, ou seja, o estado de espírito do indivíduo.

A madrugada incomoda. Tudo se torna inesperado, como a vontade de dizer sobre uma alma ébria que navega no silêncio do domínio da lua, em um mar de estrelas. Uso a palavra, esta súdita de Deus na criação – fiat – e do homem no entendimento, para expressar dores, amores e inquietações do momento.

Lanço mãos de um consagrado modelo poético japonês, o Tanka – etimologicamente, significa "poema curto" [(短歌) tan - curto, breve; e ka - poema ou música] –, que é formado por 31 sílabas poéticas (cinco versos de 5 - 7 - 5 - 7 - 7 sílabas respectivamente). Dentro da concepção nipônica, os três primeiros versos do Tanka (5-7-5) denominam-se "kaminoku" (estrofe de encabeçamento) e os dois últimos (7-7) "shimonoku" (estrofe de remate); há entre estas duas partes "um contraste acentuado que produz efeitos sensíveis de fonética".

Sendo o Tanka um poema revestido de simplicidade, vale realçar o que afirmara Saigyô (1118-1190), considerado por Matsuo Bashô o supremo mestre da poesia tanka: "Quanto a escrever poesia, isto nada mais é do que ajuntar trinta e uma sílabas quando emocionalmente excitado pela vista de uma flor ou da Lua". (7)

O mais notável exemplo de tanka é o "Kimigayo", o Hino Nacional do Japão, uma composição de autor desconhecido. Em uma versão do próprio Consulado Geral do Japão, é esta a letra do hino: "Que sejam vossos dez mil anos de reinado feliz / governai, meu senhor, até que os que agora são seixos / transformem-se, unidos, pelas idades, em rochedos poderosos / cujos lanços veneráveis o musgo cobre".

A origem do Tanka está no Waka (和歌), termo genérico para designar a "poesia aristocrática japonesa" (também de 31 sílabas). Dentro de uma proposta de modernização, o haijim (poeta do haicai) Shiki Masaoka (séc. XIX), sugeriu a troca do nome "waka" por "tanka". A título de curiosidade, um consagrado poeta do waka foi o imperador Meiji (1852-1912), que recebeu o cognome "Sábio da Poesia", tendo composto ao longo de sua vida algo em torno de cem mil wakas. Como breves exemplos de poemas deste imperador, reproduzimos:

"Não deves reclamar
Somente porque
Ficaste idoso

Existe um caminho (gracioso)
Para viver com essa idade" (8)

"Sempre que penso
Nos agricultores que sofrem
No calor dos arrozais

Não posso dizer que está calor
Ainda que seja o caso" (8)

Muitos poetas notabilizaram-se, no Japão e no mundo, compondo tankas. Destacamos que "a família imperial japonesa realiza ainda hoje, no início do ano, uma reunião cerimoniosa em que o imperador, a imperatriz, os príncipes e as princesas apresentam seus tankas; o povo participa enviando tankas feitos a partir do tema previamente anunciado pelo imperador". Mas gostaríamos de realçar os nomes de dois poetas japoneses, conhecidos entre nós e com livros traduzidos para o português: Ishikawa Takuboku,(9) cujo nome real era Ishikawa Hajime, que nasceu em 1885 e faleceu aos 27 anos de idade, em 1912. Ficou conhecido como o poeta de tendência socialista. O outro é Yosano Akiko.

A poetisa, ensaísta e crítica literária Yosano Akiko, que nasceu em 1878, sob o nome de Yosano Sho e morreu em 1942, traduziu o profundo sentido desse gênero de poesia dizendo: "O tanka é algo que se aproxima da origem da alma". São palavras do poeta e editor Yosano Tekkan sobre a arte de Akiko: "A riqueza de suas idéias, a liberdade de sua expressão e o seu intelecto mítico atacaram ao mesmo tempo na velocidade do relâmpago".(4)

É admirável o comportamento, a determinação e o exemplo de Akiko. Teve onze filhos de seu casamento com Yosano Tekkan, viajou fazendo palestras pelo país do Sol Nascente, traduziu importantes obras para o japonês moderno, escreveu romances e ensaios, fez campanha apoiando o voto feminino. A sua primeira publicação, de um total de quase setenta livros, foi *Mindaregami* (Descabelados), com aproximadamente quatrocentos tankas. Este livro deu notoriedade a Akiko, principalmente, pela simplicidade, franqueza e linguagem reveladora de uma sensualidade pouco comum no Japão de sua época. (10)

Relatam os estudiosos da vida e obra desta poetisa, que "é provável que o número de versos tanka acumulados durante toda a sua vida literária tenha chegado aos cinqüenta mil".(4) Veja, a seguir, a simplicidade e a força poética de Akiko:

"Aperte meus seios
Parta o véu do mistério
Uma flor

Ali floresce,
Vermelha e fragrante."

"O bote se distancia
E forma um caminho
Branco.

Minha dor
E seu rastro."

No Brasil, há um importante poeta dos tankas, que tem colocado a sua sensibilidade a serviço desse estilo de poesia nipônica. É ele Raimundo Gadelha, um paraibano que vive em São Paulo a cuidar da produção e distribuição de livros. Usando palavras de Masuo Yamaki, tradutor da obra: "Raimundo Gadelha, pela tenacidade e firmeza com que se lança aos objetivos traçados, bem que parece um samurai nordestino, tentando descobrir e descobrir-se no misterioso terreno da poesia oriental"(11). Tem livros publicados, exclusivamente de tankas, e ilustrados por belas e marcantes fotografias produzidas pelo poeta-fotógrafo. Entre outros, destacamos *Um estreito chamado horizonte*, bilíngüe (português e japonês), e *Brasil natureza e poesia*, também bilíngüe (português e inglês), dos quais reproduzimos os tankas:

"A borboleta
Integrando-se ao ar,
voa com graça...

Ontem, deu no jornal,
caiu mais um avião."(11)

"Dia sem graça
Hoje ela faz anos
Mas de que vale

envelhecer tão longe
da pessoa amada?..."(11)

Passado o instante de encontro com irmãos das letras e dos sons, que sabem ser fogo que fere de modo indelével, deixo-me mergulhar no caminho do encontro, contraponto do silêncio. Pertenço à madrugada que é prefácio da luz. Tudo pode acontecer. O brilho terso do alvo papel e a espada afiada do lápis convidam-me ao diálogo.

Ah, você que escreve,
não espere dos meus versos
jogos de cartaz.

A lâmina da palavra
não vislumbra "tanto faz".

                O tempo escoa
                Ao alcance dos meus olhos.
                Canto à brevidade,

                Sei que pouco importa o tempo,
                Quando a era é da verdade.

    No convencimento de que "Os Noturnos de Chopin são produtos do brilho faiscante do gênio criador, que ilumina o céu como um raio, instantâneo e livre; belo e manso quando se o vê de longe; ofuscante e cheio de perigos quando se o olha de perto" e, ainda, de que "O Tanka é algo que se aproxima da origem da alma", deixo expandir a chama do desespero da busca que arde em mim. Porque sou a parte do homem que sente e proclama, por isso necessito dizer e o digo em retalhos de momentos: alteridades.

    Convido a caminhar comigo pela dura madrugada da solidão, mesmo sabendo os perigos do apelo desta dama. Enxergo as noites dos emigrantes do Kasato Maru. Uma carta das estrelas talvez ajude na busca das sendas anunciadas pelo prelúdio das sombras. As estrelas fazem a luz que mostram. Concluído este convite, lembro Wilfred Thesiger: "Para os beduínos, Deus é uma realidade, e tal convicção lhes dá força para seguir nas rudes condições do deserto".(12)

    Continuo ouvindo Chopin, agora, em Si Maior, o Noturno No 3 do Opus 3. Sou tentado a concordar com Lauro Pinto e propalar: "tocar os Noturnos só devia ser permitido com receita médica e ser inteiramente interditado aos espíritos inquietos, descrentes da divindade e desprovidos daquela sabedoria que só a experiência pode dar".(6)

LIBERDADE

I – NOTURNO DA LIBERDADE

IN PROMPTU- Composição um tanto livre das formas geralmente prescritas e que sugere a idéia de improvisação.(1)

Cá dentro do oceano está a liberdade. Ela ancora-se na vontade, porém exige escrita amarga. Cheiro de dor. Holocausto de suor. Está nos manuais: lágrima, suor e sangue. Reparem que ela é tão inatingível que se compara ao sonho. Extremamente desejada: "...ainda que tardia". Em nome da liberdade, os olhos enchem-se de pus e ira. Do outro lado, a antítese: amavios de amor. Na noite de alto mar, inda vejo de mãos dadas: liberdade e esperança.

01

Ser dono é letal,
faz a morte ser danada,
cavalo sem brida.

Mera força que proclama
numa Sodoma abatida.

Cloves Marques

02

Não há liberdade.
Uma coisa a outra une,
mar e promontórios.

As segundas são de pontos
os domingos compulsórios.

03 E a sua vaidade!
Ah! Da minha cuido eu.
Que chatice, não,

saber do brilho dos olhos
e dizer que tudo é vão.

04

Um apelo aos quatro
anjos, que os ventos soprem.
Ouço amém, amém!

Ah, sem se fazer rogado,
digam-me o que convém.

05

Se o cavalo branco
leva o guerreiro a herói,
no corte da foice,

o capim na tenda é ouro,
o zelo da égua é coice.

Cloves Marques

06
No tempo jamais,
deram toda liberdade.
Um sonho sangrado

em tantos ventos de espera,
com muito pasto no prado.

07

Repartir a vida
sob a trempe da esperança,
olho de través.

Quem quer um quadro partilha
sabe a tinta dos pincéis.

08

Guardião eu sou
– Por favor, título não! –
ah, do Absoluto.

Sonho de plantar infâncias,
haja perdão, haja fruto.

09

Despem-se dois mundos,
anatomia da razão,
tenho o sim e o não.

A verdade é que o homem
tem nas mãos a criação.

10

O relógio toca
programando a hora certa
do não sei o quê.

Eu tenho razão de vida,
não quero razão de ser.

II

Eu não sei quem cobra,
se o mundo, você ou eu,
razões de querer.

O existir é excêntrico,
quando em função dum por quê.

12

Só tirando as sombras,
admiro os ventos de hoje.
Ainda um siroco

sobre o mar Mediterrâneo
sopra quente e diz um pouco.

II – NOTURNO DA LEMBRANÇA

RONDÓ- Composição de várias partes, ao final das quais a primeira é novamente repetida (1)

Catalogo recordações. O presente é um exímio cobrador. Comprometido com o passado, exige. O apito do trem move o horizonte da alma. O cheiro de lenha queimada açoita além do paralelo dos trilhos. A lembrança é um trem-saudade que anda para trás. Embarca os passageiros que emergem do caminho e despeja no "não-tempo". Há uma trama pegajosa em cada lembrança. Como estão as suas metáforas?

13
Estranho destino:
em dor se faz a lembrança
se a memória é curta.

Quem foi o primeiro amor,
se o tempo tudo lhe furta?

14
Um pacto sela
quem goza alheio com a vida.
A lembrança cresce,

quando a desdita cinge o tempo
e fere a ampola da prece.

15

Todo o bem das mãos
são dedos em transcendência
no encontro do mundo.

Bastaram apertos de mãos,
doação que cala fundo.

16

Tenho todo o tempo
para assistir o que fiz.
Cuide-se! – eu disse.

Meu projeto tem desvão,
essa humana rabugice.

17
A saudade morde
sem pena o fazer não feito.
O tempo outrora

se torna amargoso espanto
sem endereço da aurora.

18

Num vento lembrança,
a comoção da quietude
solicita estada,

pra conviver desarmado,
encontrando-se no nada.

19

O esmalte da
recordação é tênue.
Emoção que é chaga

pelas cores fixadas.
Um pé no chão, tudo apaga.

20

O tempo escoa
ao alcance dos meus olhos.
Canto à brevidade.

Sei que pouco importa o tempo,
quando a era é da verdade.

21

Nas palavras líricas,
a memória martiriza
co'a funesta dor.

Ah! Glorifica o poeta,
imaginário leitor.

22

Surgem sentinelas
de tempos de nostalgia,
passado que cansa.

Congelarei bons momentos
ao enlace da lembrança.

23

Certas caraibeiras,
da minha infância perdida,
tinham flores de ouro.

As minas do olhar secaram,
hoje sujam logradouros.

24
Cala a poesia
o silêncio da lembrança.
Deserto ferido.

O presente cobra,
tudo está comprometido.

PALAVRA

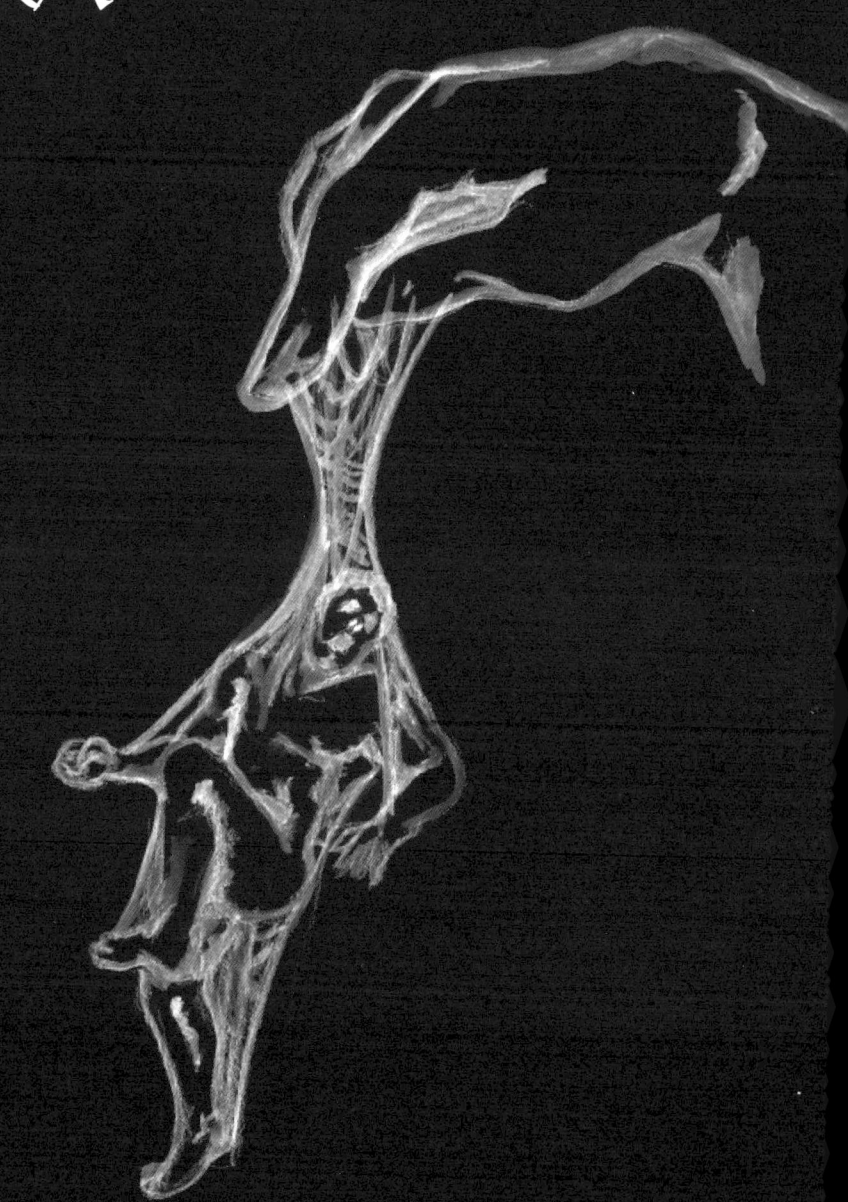

III – NOTURNO DA PALAVRA

SOLO- Composição, ou parte dela, em que canta ou toca uma só pessoa. Também recebe esse nome a dança efetuada sem par.[1]

As palavras me surpreendem. Atordoam. Uma é feita de espinhos. Outra, asas. Quem dá pouso à palavra, corre o risco do compromisso. Um enredo na feira, urdume no deserto. O verbo dá à luz anjos e demônios. Tenho ódio e comiseração de palavras que são domínio. Arrancadas da quietude do dicionário, são transmudadas em carrascos sofismas. A palavra conveniente é pisadura. O lombo ferido do ginete é solidão. A palavra certa não sei. Experimente.

25

O entendimento
fere os olhos de saber,
o verbo dizer,

onde a garganta é cortada,
raio da palavra dada.

26

O homem contém
um archote de idéias,
inflamável luz.

Entre tanto e quase, peço
um fósforo de palavras.

27

Emborca teu dia.
Uma aranha teceu teias
nos dedos da prosa,

conversa de antiga fé,
tempo, estrada nebulosa.

28

A palavra homem
tem o combate da fala,
logos do dizer.

Asas que correm nas veias,
fremente razão de ser.

29

Chega! Diz a mente,
mas a boca não explode.
Ah! Vem Hiroshima.

Um dia, se emenda o homem,
amarga lição de rima.

Cloves Marques

30

Ler o mundo à toa
até ver saciedade.
Na pele das águas,

descobrir que o Beberibe
são mil abraços de mágoas.

31

Penso e solto a mente.
A palavra tem ouvidos,
quer papel agora.

Vem armada – haja dentes! –,
sangra a veia, vai embora.

32

Cala! Grita à turba.
Ao derrubar o silêncio,
o sol da palavra

fere de morte a neblina
que na noite ainda lavra.

33

Voz em que se basta
cata a decifrar palavras,
mistérios dos sons.

Quanto a mim, subo montanhas
pra ouvir em meios tons.

34

O brilho dos olhos
revela com traição
o que o jarro guarda.

A esperança de Pandora,
epílogo que retarda.

35

O vasto silêncio
que guarda o meu futuro
compartilho, sim.

É risco caminhar só
se tão pouco sei de mim.

36

Não se mata o homem
quando lhe corta o silêncio,
água de vez mansa.

Quem sabe escutar o sonho
de caçar a voz não cansa.

POESIA

IV – NOTURNO DA POESIA

SONATA- Composição que consta de três ou quatro movimentos, escrita para um ou dois instrumentos. Os movimentos são, geralmente, um allegro, um lento, um minueto ou scherzo e um rondó. (1)

A cara das expressões tem a dimensão da imagem construída. A poesia está na música da linguagem. O compasso e a imagem transportam. Da algibeira de ontem, saco o poema de hoje. Lá ainda restam. Infinitos são os embornais poéticos de amanhã. Vale a pena tentar. Se vêm sem a navalha, devolvo-os à purificação. Sabe, só sinto poesia que fere. Você lê?

37

Ah, você que escreve,
não espere dos meus versos
jogos de cartaz.

A lâmina da palavra
não vislumbra "tanto faz".

38

— Vi um letricida
que abordava nas palavras
o espaço ilusão.

Se matar é tão banal,
letra morta à sua mão.

39

Proclamo o poema
porque preciso dizer
que o homem guardado

dos laços do entendimento
vive amor desesperado.

40

Os seus dois poemas
foram moedas da fome.
Pura imposição.

Na construção do vazio,
haverá renovação?

41

Dourada injustiça,
que só devora o poeta.
Exige postura:

numa facada de dor,
um pedaço de loucura.

42
A desesperança
é fêmea que traz na boca
a palavra algema.

Quer vencer o sortilégio?
Vista o mundo de poema.

43

No cercado d'alma,
Sou gestado num poema,
que exprime sonho.

Esparramado na vida
acordo, clamo: é medonho!

44
Só quero abortar
meus intensos sentimentos:
as lágrimas ébrias

e um ódio desabrigado.
Dá-me um poema silente.

45

Canto no deserto
a força do sentimento.
Quem consegue ler?

Quem sabe a lei das areias
ou você ao me entender.

46

Toca-me o poema,
cavaleiro a intuir
asas de alasão.

Entrarei em outros céus,
vivo a transfiguração.

47

Na noite, procuro
a música da palavra,
vocação de algema.

Dei conta do fio rompido
mil estupros do poema.

48

Desperta o Recife,
com adagas do passante,
já brotando sangue:

poesia das marés
e poema flor do mangue.

FOME

V – NOTURNO DA FOME

BAIXO- Recebe este nome a mais grave das vozes humanas e também um instrumento musical destinado a produzir sons graves. Também recebe essa denominação a nota fundamental ou mais grave de um acorde.[1]

Assim, dez mil serpentes mordendo, é a fome. Quando chega a noite, o sono também é mastigado. No caminho, falaram-me: o homem de pé é árvore de oração; de joelho, animal humildade; prostrado, pedra de construção. Que dimensão terá a dignidade da fome? Chega de êxtase da morte, se a fome do saber é pássaro de provocação. Minha fome é perpétua.

49

O barqueiro traz
notícias de alto mar,
pensares, alerta:

a busca do peixe-vida,
a morte da fome certa.

Cloves Marques

50
Ah, o agricultor
calejou a sua enxada
na escrita da terra,

porém as mãos continuam
pensamento-dor que encerra.

51
Construir o que
se uma dor massacra o ventre?
Fome de verdade,

que é sonho de cura à vida
e sacia a puridade.

52

Um trabalhador
vale, no campo, uma fome
ou palhas de milho.

Se a morte desfaz o homem
é dor atávica ao filho.

53

Aprende-se a fome
pela falta da palavra,
pela do comer.

A morte, porém, visita
quando a fome é de saber.

Cloves Marques

54

Minha fome traz
cheiro de morte na cilha.
Cavalgo um destino

se na terra açoitam sonhos,
sou areia desatino.

55
Participa e deixa
a fome do coletivo
ser dor de partilha.

A égua só é manada
no aconchego da trilha.

Cloves Marques

56

O jornal estampa
sombras dum olhar pungente,
que na noite cansa.

Nacos de uma fome verde,
mãos vazias de esperança.

57

Um Aleijadinho,
que na dor inspirava arte,
entalhando a vida

sabia se embriagar
com essa nobre bebida.

Cloves Marques

58

Deus, Deus, Deus
dos bons e dos desgraçados,
só juízo de amor.

Prometeus rompeu a fome,
seu fígado ao torpor.

59

Disse o enxadeiro:
– Trabalhar é engraçado,
(tinha a face triste)

no campo, suor e sangue,
ao canário bom alpiste.

60

Ao bar eu não vou
por um abraço de fome.
Como quem voltou,

ocupo minha cadeira
e ouço: - Não morreu, chegou!

SEXO

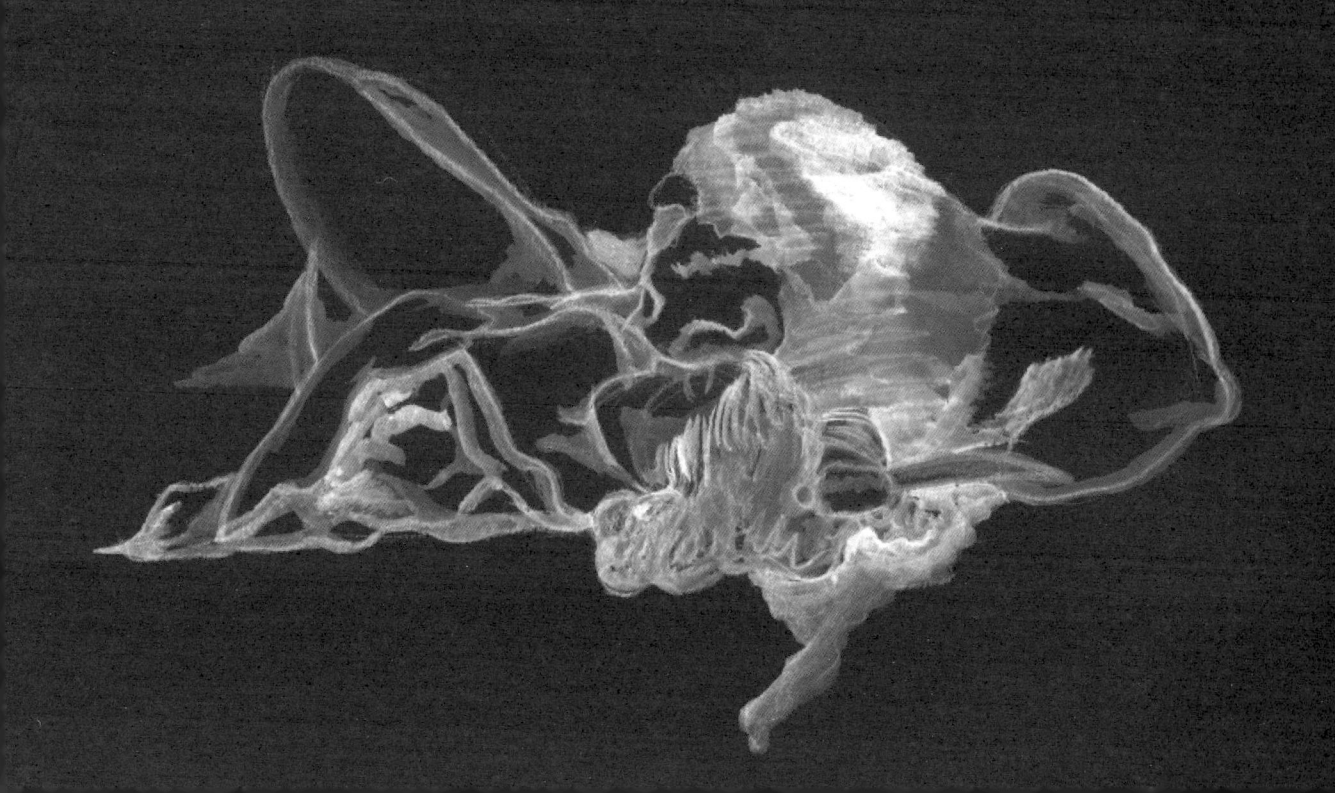

VI – NOTURNO DO SEXO

CONTRAPONTO- Arte de combinar as partes melódicas contrapostas para que se correspondam perfeitamente em uma forma a um tempo harmônica e agradável.(1)

Gosto, desgosto, parte de mim. Cada noite faz o encontro. Um mar escuro da inquietação. Um barco fantasma, branco conluiava com a lua. Ventos apressados antecipam o prazer. As feridas da noite curam-se para o encontro. Os abismos e as clareiras do gozo vinham nas mãos da noiva da noite. Os momentos são para a plenitude. Mas os desencontros existem. A suave volúpia, que na manhã é apenas distinção, ele e ela. A plena sensualidade, que à tarde é luz aguda. O sopro de ventos que ardem, à noite são sombras. Vivo as dores e sabores do sexo. Descubra-se e não cobre. É natural e bom.

61

A palavra sexo
tem dormida no prazer,
e uma flor, primeiro,

em noturna companhia.
Orvalho do jardineiro.

62

O vento da noite
açoita o fogo da pele,
vulcão a chorar.

No encontro da solidão,
Solto lágrimas de magma.

63

Sexo é preconceito
ou conceito-razão.
Desejo ao eleito,

tralha mote de invenção
do ser humano malfeito.

Cloves Marques

64

Momento perfeito,
quando sacode o desejo.
no sangue de ação.

Matar o leão no cio,
Que acasala em profusão.

65

O sangue fervia
com o incenso da palavra.
O desejo aborta

por cavernas de ereção,
e coágulos da aorta.

66

A face do sexo
é morada a demônios
donos do prazer.

Trazem nos olhos espaços,
prontas fontes de ilusão.

67

Um abraço votivo
entre a noite e o deserto.
Sentimos silêncio

do sonho realizado.
Gozo no sangue da areia.

Cloves Marques

68

Contei as mil garras,
sua sensualidade.
em noite de chuva.

O amor faz a liberdade,
em vórtice de água suja.

69

Borboletas mil
vi no atropelo do amor.
Os lençóis manchados

são recados aos amantes,
animais no cio, nos prados.

70

Quando os gritos quebram
a comoção do silêncio,
sinto pela fuga

dum rebanho de desejos,
que açoitaram nossos corpos.

71
A inquietação
na escuridão dos desejos,
sonho fugidio,

não espera pelo incêndio
do sêmen do arrepio.

72

Pratiquei na noite
a morada do prazer,
asas da vontade.

Quando o sexo incomoda,
rebatize a verdade.

AMOR

VII – NOTURNO DO AMOR

SINFONIA- É a forma mais completa e desenvolvida da música instrumental. Por sua construção, é semelhante à sonata, porém muito mais ampla e de colorido mais rico. Pode dizer-se que é uma sonata para grande orquestra. É a forma musical que oferece o campo de maior amplidão para o gênio do compositor.[1]

O amor pode ser a qualquer hora. Entretanto, seu tempo é agora. Depois nunca. Parece o deserto mais completo. Encanta e engana. A alma do vento é música e guarda tempestade de areia. O útero das dunas é aconchego que gera abismos. A água dos oásis é refrigério de arrevesadas miragens. Sei lá. Eu quero a amplidão do amor da noite. E você, onde está?

73

Vejo mal-assombro!
Amor é vida que prende,
agarra de frente.

Quando não há doação,
ele faz e entrega a gente.

Cloves Marques

74

Ave! Zeus, torrente
por nove noites de amor.
No rocio das vaidades,

nove musas, nove cantos,
tais invenções divindades.

75

Um gole de amor
tem gosto de utilidade
a um, dois. Assim,

bebe o fel pra existir,
sabor que se faz ao fim.

76
Só sei de vivência
que amor gesta mel e fel.
Ou será só engano

do trabalhador de campo,
entregue que nem insano?

77

Dores Maiakovski:
"Cães raivosos da paixão."(13)
Isso foi um dia...

Quando faço, e faço bem,
vivo um ardor que vadia.

Cloves Marques

78
A palavra amor
se demora na beleza
do divino a dois.

Antes, canto de concriz
no mais do sertão. Depois...

79
Toda dimensão
de amor é jogo, subjuga.
Se a fome é premente,

destruas os sonhos de pão
e liquides a tua mente.

Cloves Marques

80

O poeta mora
na morada de si mesmo.
Outra solução

é oferta de despejo,
não resiste o coração.

81

Um amor cansado
bóia no grande oceano,
destilando tédio

no compasso da angústia.
À morte não há remédio.

82

Pra viver o amor
existem formalidades
a cumprir, pois não:

ser chama, queimar o outro,
se transmutar em vulcão.

83

Se o caos se instala
e assanha o véu da paixão,
cumpriu-se o amor.

Apenas escute a música
que drapeja o domador.

84

Nos jardins noturnos,
obedecer ao amor
só quando germina.

Sem raízes que agregam,
É paixão de messalina.

DOR

VIII – NOTURNO DA DOR

CANTATA- Composição musical geralmente de caráter sacro em forma de oratório, mas de menor extensão.(1)

Disseram-me um dia: a dor purifica. Sei que dói. Desespera. A dor é donatária de demônios em beijos de fogo com meus anjos. Tem poder. Se moral ou física, o tempo atrasa, quando não pára. Simulacro! Que nada. O rosto da dor tem fisionomia de herege. Pintura sem limites. Dentes afiados. Apetite de dragão. Saliva que arde e tem gosto de sedição. Depois, o corpo do vazio traz sensação de nunca mais. Não sei você. Quanto a mim, não vivo sem dor.

85

A dor social...
Ah, deixou quantos legados,
qual facas de amor.

Uma é tão profunda que
acelera a se entrepor.

86

Fazer é ato de
dor que só fere a quietude:
ré necessidade.

Sísifo proclama basta!
Se encalha na vaidade.

87

De mãos dadas vi
a Bondade e a Ingratidão,
chave e fechadura,

em casa mal-assombrada
de alegria e amargura.

88

As cartas deságuam
revoadas de punhais
– os ditos conselhos –

a quem às vezes enxerga
e nem precisa de espelhos.

89

Oh, musas da Beócia,
dá-me o abrigo do canto
das águas da paz.

A minha alma finda turva,
a dor não agüento mais.

Cloves Marques

90 No mercado à venda,
do açúcar, as tantas dores.
O olhar umedece

toda face amarga do eito,
que teima ver, não esquece.

91

Há desconfiança
na pele antiga da dor.
Inventa verdade,

vara muitas paciências
essa dor que é piedade.

92

Descansa o sagrado
entre a chama do dever
e o atroz direito.

Toma o fogo, oh, Prometeus,
e deita brasas no peito.

93

A dor, dor não é
se na espera não estou,
pois a dor sou eu.

Eu proclamo sete espinhos
são sete ais que me dou.

94

No chão, uma lágrima
perdida. Prestação? Que
pecado pagou?

Ah! Declaro inocência.
É verdade? Ainda, ... Ou...

95

Enfrento o processo.
Qual a forma desejada?
A do sofrimento.

Na diferença dos homens,
paradoxo é seguimento.

96

Viver abandono
tem desinência de dor
em todo animal.

Mastiga o nada do mundo,
pois tudo mais é fatal.

SOLIDÃO

IX – NOTURNO DA SOLIDÃO

ORATÓRIO- Composição de caráter sacro ou dramático escrita principalmente para coros, com alguns solos, duetos, etc., intercalados. É mais grandioso que a cantata. (1)

Bem-aventurado quem suporta os dentes da solidão. Solipsismo semeia desassossego. Fede a egoísmo. A comoção da aventura. Enamorar-se da ansiedade, pela busca do vazio, pela conquista do novo. Arrebentar conceitos e preconceitos para a tessitura do encontro. O ser. O outro. A fuga é medo. A solidão consentida abraça o silêncio de Deus. Vamos ao embate.

97

O homem do desterro
vicia com a solidão.
Na mente, saudades,

entulha a boca a palavra,
cem mil pés sem novidades.

Cloves Marques

98
O exílio tem nome,
o nome dele é Jasão.
Mas, o Velocino de Ouro

do amor é destino certo,
instala-se a solidão.

99

O ruído alheio,
esse inquilino velhaco,
chega sem aviso.

Você quer viver silêncio?
Feche a boca e mate o guizo.

100

O porquê, não sei.
Para quê, só resta o nada.
Memórias perdidas

das referências reais.
Manhãs e noites feridas.

101

O anjo evoquei
e perguntei pela angústia.
Estranho esgar.

Esse homem, um ser possível,
no nada vai se encontrar.

Cloves Marques

102

Ao mundo declaro:
o silêncio é companheiro
de olhos no caminho.

Se a turba se manifesta,
a solidão faz carinho.

103

Feri de morte a
solidão, quando a palavra
se dispôs a mim.

Suguei o sangue do nada,
falei rosas carmesim.

104

Mora nos meus braços
o frêmito do silêncio.
Vem a alma da luz

e desperta a solidão
que ao deserto faz jus.

105

Bem além do espaço,
tenho a face da palavra
presa na garganta.

Sangra o vento do vazio
e a água do oásis canta.

Cloves Marques

106
O mundo rejeita,
com braçadas de ilusão.
O deserto mata

num abismo de areia,
já purifica e arrebata.

107
Este meu desterro
não é o seu. Ponho-me
aos olhos das dunas

que extrapolam os limites
do meu sangue de areia.

108

O imenso mar é
desejo que me adensa,
ar que me possui.

Vou em barcos virtuais
beber silêncio nas águas.

MEDO

X – NOTURNO DO MEDO

FUGA- Composição em forma de contraponto em que o tema proposto por uma das partes é imitado pelas demais, dando a impressão de que fogem umas das outras ou se perseguem.[1]

O canto da vida tem melodia própria. Atrai. Perpassam desejos de adeus. Dia. Noite. Manhã. Tarde. Já calculei até a extensão da noite. A noite é funda. Antes da alvorada, intermezzo do medo. Peça saltitante. Quase nada, que maltrata e mata. O medo, contraponto da ousadia, cega as facas e quebra as pontas das foices. Atrofia o desejo. Real ou virtual, a sua audição, evito. Necessário. É combustível-adrenalina. Assusta-me revelar o medo.

109

Diz-me onde mora
a fonte da inquietação.
É no medo, eu sei

das asas que cerram olhos,
velando o que anunciei.

110

Medo é quase nada.
A solidão é bem pouco
no dorso da vida.

Quantos morrem de temor,
solitude desmedida.

III

Sempre, outra vez,
a tempestade de medos
que tritura a mente.

A vertigem do abandono
é cisma de toda gente.

112

Toda a vida fez
o mesmo caminho-mapa
da angústia fatal.

O novo do medo enruga
o homem do ritual.

113
Ah, é isto que queres,
este sentimento de
perdição, limite?

Degustar o existir
é o que ao homem assiste.

114

A realidade se esvai
quando late o cão da angústia
e nos fere o nada.

É preciso ser de pedra
em águas dessa enxurrada.

115

Fantasmas, quem não
os tem, movidos a sonhos
ou lastros reais?

Quem não os mata na praia
não matará nunca mais.

116

Ah, que nome tem
essa indecisão vadia,
que desocupada

na noite do sim ou não,
sangra a alma desesperada?

117
A realidade
do vazio, busco na noite.
Dilacera a gente.

Onde a dor é movediça
vem angústia permanente.

118

Vazio do vazio,
nada que engole nada.
Viva tal angústia,

minha turva companheira,
perene casa do medo.

119

A álgida beleza
da fome, sombra do nada,
corta a vontade.

Uso o cavalo de Tróia,
vou às raias da verdade.

120

Ando apressado,
os vergéis são virtuais
e cultivam ventos.

Vou colhendo tempestades
e plantando adventos.

MORTE

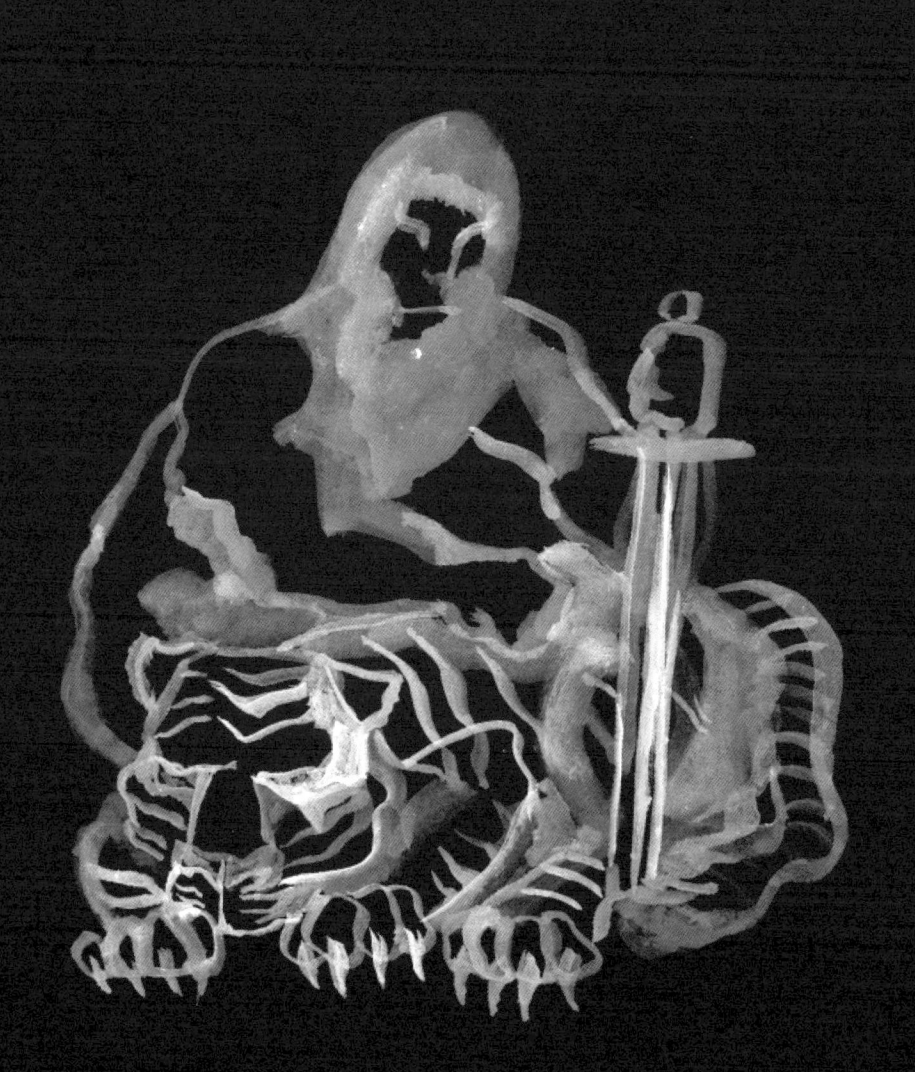

XI – NOTURNO DA MORTE

> ÓPERA- A sua origem remonta à tragédia grega, no ano 534 a. C., data em que Tespis teria feito representar a primeira tragédia. Composição teatral a que concorrem o drama, o canto, a dança, a sinfonia, a decoração e outras artes, e em que os diálogos e monólogos não são falados, mas cantados.(1)

Sou um poço de vaticínios. Por tantos anos: *Memento, homo, quia pulvis es, et in pulverem reverteris!* (14) Claro, salvo as distrações, estou sempre lembrado. Um dia serei pó, passando pela estética do ventre de vermes desesperados. No tranco da angústia, o corpo sufraga, a alma deságua. Fora a morte, tenho tanto do que temer. E tenho. Qual será a tragédia?

121

Vitória cantar!
Como, se as fragatas vão
e voltam mais fortes?

Mãos de glória se confundem,
muitas são as suas mortes.

Cloves Marques

122

O meu sonho pede
manadas em chão batido,
amassando a terra.

Ousadia só é barro
se a hora com sangue ferra.

123

Inútil cantar
"amigo dorme no peito".
Não fala, nem ouve!

Se há defeito, que o esmague;
virtude, quem quiser louve.

124

Qual seria o rumo
com tais amigos fiéis,
ditos carne e unha?

Quando lustra a arma da paz,
bem cem pães de bala empunha.

125

Sabes, o prazer
mata a dimensão da vida,
se ele nos vem só.

À multidão dos desejos,
vinho do Porto e pão-de-ló.

126

Morrer, não importam
lágrimas ou falatórios.
Desespero, não.

Basta uma idéia acolhida
e um punhal no coração.

127

Sonhos e mormaços
são amálgamas do dia.
Sem sol de fornalha,

tal cicuta na garganta,
morte lenta a quem valha.

128

Rolam duas lágrimas
em surto de compaixão.
Essa, esmaga a fala,

aquela, planta saudade,
é pedra que mata e cala.

129

Agora estou vivo,
pouco mais serei passado.
Não importa, ora,

se confesso em cada verso
espadas e vou embora.

130

Real. Ilusão.
Deixada, a palavra é vento
e a escrita é tinta.

O concreto é imutável,
mas o sonho a gente pinta.

131

A lágrima diz
a palavra de metal
com brilho no traço.

Corta fundo o sentimento
seja ouro, prata ou aço.

132

Ah, tigre vadio,
que empresta a sobrevivência
à sombra do fim.

Você faz o desespero
metáfora de festim.

RECONHECIMENTO

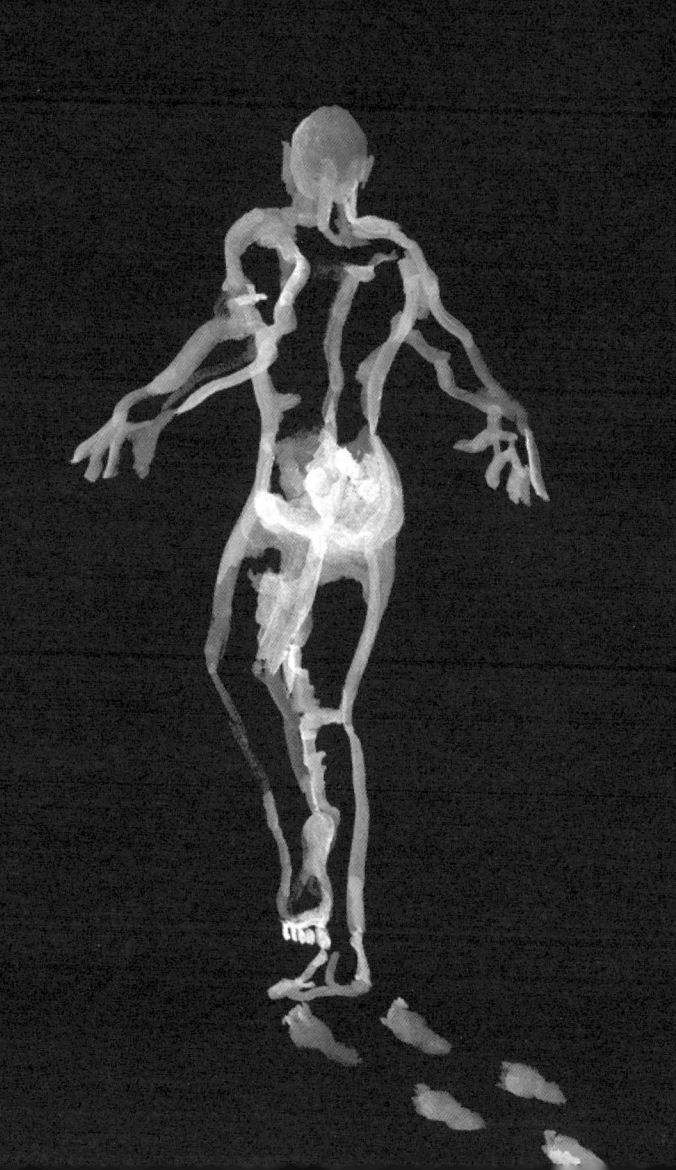

XII – NOTURNO DO RECONHECIMENTO

CODA- Palavra italiana que significa "fim" e se aplica a um pequeno trecho musical no qual se recordam os temas principais da composição e que serve de conclusão a uma peça. (1)

Aprendi que "O homem todo significa dinâmica de procura e templo de encontro" (15). No momento do "estou perdido", o bolso da aflição guarda reserva de combustível. Buscar. Provar. Achar. *Ecce homo*. Assim é o homem. Adjutório, também, serve para a tempestade de lembranças, ao vergastar da palavra, à ferida da fome, à desordem do medo, à solidão com desamor, à morte definitiva. Arrepia-me o monólogo do Senhor: "Minha alma está agora perturbada". Consola-me o diálogo: "Pai, glorifica o teu Nome"; "Eu O glorifiquei e O glorificarei ainda." A peça musical está sempre montada. Por hora, que viva o Noturno.

133

Invento desertos
entre a calma e o desespero,
construção do só.

O silêncio ainda rompe
muralhas em Jericó.

134

Ele um dia disse
"Ó solidão minha pátria!" (16)
No tempo, os demônios

patrocinam estampidos.
Quero abraçar a ausência.

135
Vou esvaziar
conceitos e preconceitos
para transcender

a chama das diferenças.
Concede-me um Saara.

136

Morte aos ouvidos.
Não, não é isolamento,
mas disposição.

Quero os olhos das palavras
pra viver compreensão.

137

Na noite conclamo
tal estrela basilar,
vertigem da luz.

Um clarão desaba em mim,
depuro esta soledade.

138

Débil multidão
que precisa delibar
o tal do alarido.

Quanto a mim, sou cavaleiro
que à noite lambe o silêncio.

139

Não sei explicar
a experiência que vivo.
Apenas, soletre.

Criando espaços-desertos,
você vai ler as areias.

140

Página a página
seguem cem mil apelos.
Descubra o caminho.

À ciência não entrego,
que veja o torvelinho.

141

Quando a noite é grave
quero manhãs vigilantes,
olhos de palpites,

que aniquilem os medos
e, dos homens, os limites.

Cloves Marques

142
Nas letras do mundo,
viajo, também, peregrino.
Das noites, o mapa

é uma lua andarilha,
espelho de luz que escapa.

143
À sombra do nada,
bebo as águas de angústia,
parte de jejum.

Essa dor é prostituta,
que se presta a qualquer um.

144

No tempo será,
quero deixar um adeus,
que morda o passado,

deguste o vento do porvir
e diga ao mundo amém!

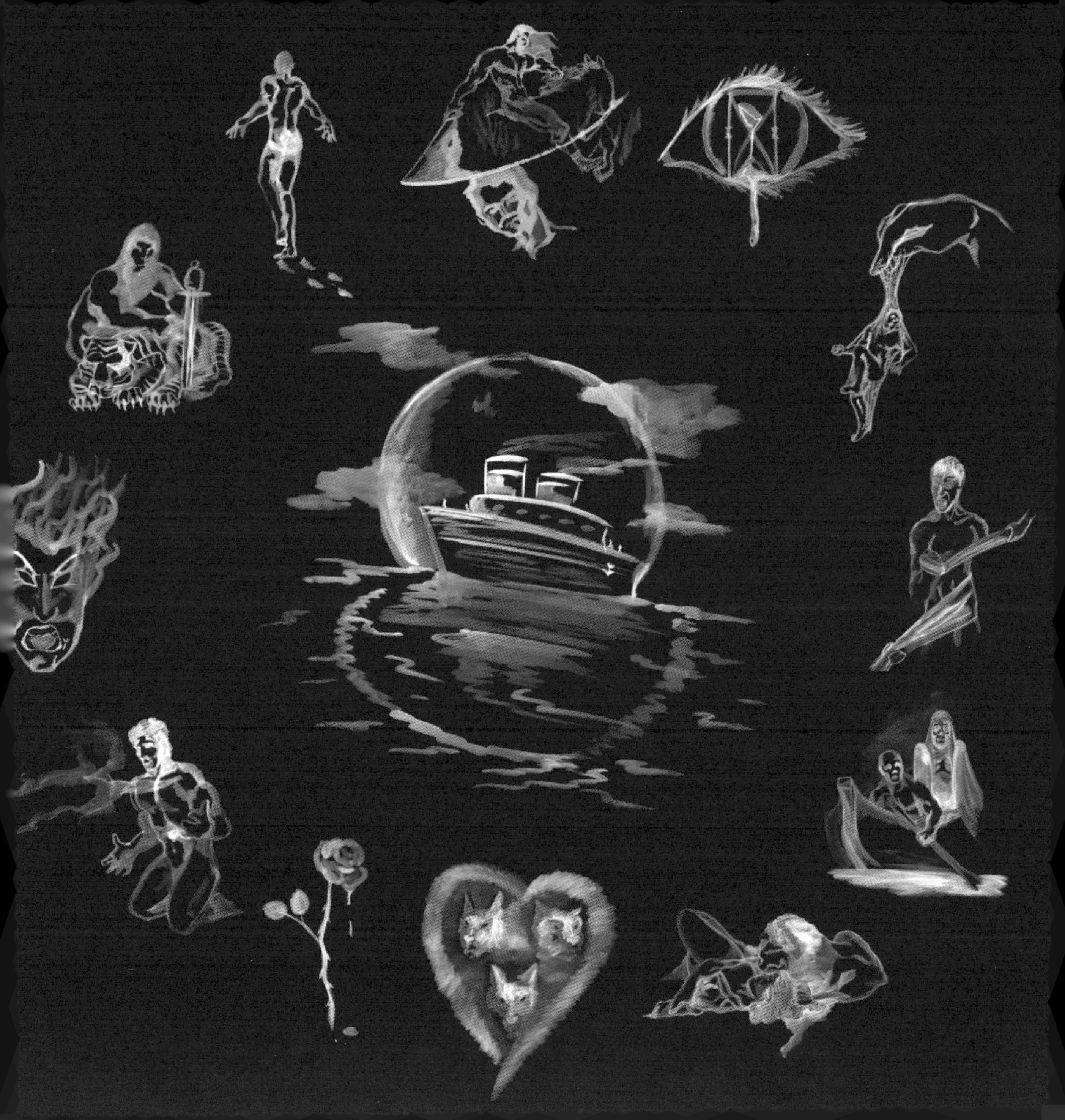

POSFÁCIO

ACÚSTICA- Ciência física do som, que estuda sua formação, propagação e todo o conjunto de fatores que contribuem para proporcionar a sensação sonora. (1)

Maceió, do bairro da Ponta Verde, 08 de abril de 2008

Grande poeta Cloves,

A leitura de Tankas da Madrugada, no final de um dia movimentado e exaustivo, levou-me ao Olimpo. Acredito piamente que o manjar dos deuses fossem os poemas, os melodiosos tankas de Cloves Marques. Sendo uma simples mortal, fiz-me imortal lendo os Noturnos da Liberdade, da Fome, do Amor, da Solidão, da Poesia, da Palavra, da Dor.

Cloves Marques abriga dentro de si um sentimento profundo e doce da realidade da vida, sem que a crueza do cotidiano, que ele observa e vive, cause nenhum arranhão em sua sensibilidade de artista refinado.

Como admiradora da cultura japonesa, rendo-me a maestria do poeta que, apesar do estilo oriental dos versos, tem em suas entranhas os sábios dizeres da Antiga Grécia. Vejam se tenho razão:

*"A álgida beleza
da fome, sombra do nada,
corta a vontade.*

*Uso o cavalo de Tróia,
vou às raias da verdade."*

O livro é um primor. Viverá perto de mim enquanto eu na Terra habitar. Será um grande sucesso. Parabéns! Obrigada pelo presente que tanto minha alma necessitava. Parabéns pelo grande poeta que você é. Vou falar no Japão de você e sua obra.

Que à luz da poesia ilumine cada minuto de sua vida. E que a sua criação poética nos faça ir de encontro às imperfeições do mundo.

Um grande abraço,

Yara Falcon (*)

(*) Escritora, jornalista, consultora em Gestão de Qualidade com formação no Japão.

BIBLIOGRAFIA

(1) Enciclopédia de Conhecimentos – Volume XVIII – Opus Editora Ltda., São Paulo-SP, 1986.

(2) REZENDE, Tereza Hatue de – Ryu Mizuno – Saga japonesa em terras brasileiras – Governo do Paraná, Curitiba-PR, 1991.

(3) YAMASHIRO, José – Japão Passado e Presente (3a Edição) – Aliança Cultural Brasil-Japão e Centro de Estudos Nipo-Brasileiros – São Paulo-SP, 1997.

(4) AKIKO, Yosano. - Fonte: Japanese Women Writers – A Bio-Critical Sourcebook - http://www.geocities.com/sobreojapao/akiko.htm – pesquisa em abril 2008.

(5) CHOPIN, Frederic – Nocturnes CD – por Daniel Barenboim, piano – Polydor International GmbH, Hamburg, 1982.

(6) PINTO, Lauro – Chopin-Noturnos – Artigo publicado no sítio http://www.cdclassic.com.br/noturnos.htm, em outubro de 1998 – pesquisa em abril 2008.

(7) SAIGYÔ – Poemas da Cabana Montanhesa – Tradução e ensaio crítico de Nissim Cohen – Aliança Cultural Brasil-Japão / Massao Ohno Editor – São Paulo-SP, 1994.

(8) Artigo POESIA WAKA DO IMPERADOR MEIJI publicado no sítio http://www.portais.org/_reiki/lit_waka.htm - pesquisa em abril 2008.

(9) TOKUBOKU, Ishikawa – TANKAS – 4a Edição – Tradução de Masuo Yamaki e Paulo Colina – Aliança Cultural Brasil-Japão / Massao Ohno Editor – São Paulo-SP, 1991.

(10) AKIKO, Yosano – Descabelados – Tradução, introdução de notas de Donatella Natili e Álvaro Faleiros – Editora Universidade de Brasília – Brasília-DF, 2007.

(11) GADELHA, Raimundo – Um Estreito Chamado Horizonte (3a Edição – português/japonês) – Aliança Cultural Brasil-Japão / Massao Ohno Editor – São Paulo-SP, 1992.

(12) Citação por Marco Lucchei – Os Olhos do Deserto – Editora Record – Rio de Janeiro-RJ, 2000.

(13) MAIAKOVSKI, Vladimir – Poemas – Editora Perspectiva S.A. – São Paulo-SP, 2003.

(14) KECKEISEN, D. Beda – Missal Quotidiano – Tipografia Beneditina Ltda. – Salvador-BA, 1957.

(15) BUZZI, Arcângelo R. Introdução ao Pensar. Editora Vozes Ltda. Petrópolis-RJ, 1972.

(16) NIETZSCHE, Friedrich Wilhelm. Assim Falava Zaratustra. EDIOURO. São Paulo/SP

NOTURNO - TANKAS DA MADRUGADA

PARTICIPAÇÕES

Álcio Lins
ilustração

Eduardo Peixoto
projeto e design

Yara Falcon
posfácio

Nelson Saldanha
apreciação

Vital Corrêa
prefácio

Artista plástico, escritor, psicólogo e professor de arte. Nasceu na cidade de Maceió, Alagoas, e reside no Recife. Participou de diversas exposições de arte, no período 1998 a 2003, também no Recife. Produz e executa projetos em áreas do teatro, tais como cenografia, maquiagem e figurino. Escreveu, entre outras, as seguintes peças para o teatro: "O Outro Lado", "Água da Vida: uma Parábola do Sertão" (2001), "Elion" (2006).

Jornalista, fotográfo e design gráfico, nasceu em Recife, onde reside. Em 1999, obteve o primeiro lugar no concurso nacional de redação da Secretaria Nacional de Direitos Humanos, com o texto "Brasil, um país para todas as idades". Desenvolveu trabalhos de design e fotojornalismo para ONG's, empresas privadas e instituições culturais. É autor do projeto gráfico e fotos do livro *A televisão pernambucana por quem a viu nascer.* (2007)

Escritora, jornalista, economista e consultora em Gestão de Qualidade, com formação no Japão. Baiana radicada em Alagoas. Faz parte da Academia de Letras e Artes do Nordeste – Núcleo Alagoas. Publicou, entre outros,: *Pálidos crisântemos* (1999); *Crisântemos vermelhos* (2003); *O habitante de Sísifo* (2004); *O habitante de Sísifo II - Guerra no cosmo* (2005); *Mergulho no passado-A Ditadura que vivi* (2007).

Formado em Direto e Filosofia, poeta e professor da Universidade Federal de Pernambuco-UFPE. Natural do Recife, onde reside. É membro do Instituto Brasileiro de Filosofia, da Academia de Letras e Artes do Nordeste e da Academia Pernambucana de Letras. Publicou, entre outros: *Humanismo e História* (RJ, 1983); *O jardim e a praça* (SP, 1993); *Ordem e hermenêutica* (RJ, 1998); *Ética e História* (RJ, 1998); *FILOSOFIA - Temas e percursos* (RJ, 2005).

Bacharel em Direito, jornalista, fez cursos em História e Filosofia; escritor, poeta. Nasceu em Vertentes, interior de Pernambuco, e reside no Recife. É membro das Academias Recifense de Letras, e de Letras e Artes do Nordeste. É o atual Presidente da União Brasileira de Escritores em Pernambuco (UBE-PE). Publicou, entre outros,: *Título provisório* (1977); *Poemas com endereço* (1985); *A Cimitarra e o Lume (Rubais)* (2004); *Só às paredes confesso* (2006)

Escrituras Editora e Distribuidora de Livros Ltda.
Rua Maestro Callia, 123 Vila Mariana - 04012-100 - São Paulo, SP
Telefax: (11) 5082-4190 - E-mail: escrituras@escrituras.com.br
Site: www.escrituras.com.br

Eduardo Peixoto Marques
eduardopeixoto@terra.com.br

Álcio Lins
alcio.lins@gmail.com

Apoio:

FacForm
GRÁFICA

Este livro foi editado no programa Adobe Indesign e Photoshop CS2, Corel Draw 13,
composto na tipologia Calligraph421 BT em corpos variados e
impresso em papel offset 90g/m², com saída em CTP, na Gráfica FacForm,
Rua Barão de Água Branca, 521, Boa Viagem, 5160-300, Recife - Pernambuco - Brasil
Fone: (81) 3339.6566, www.facform.com.br, grafica@facform.com.br